cittaが提案する

個性を楽しむ

大　人　服

戸部 祐理
矢口 亜紀子

7、9、11、13、15号の実物大パターン2枚つき

文化出版局

Contents

citta［シッタ］はセレクトショップから派生したブランドです。
セレクトショップでお客様の声を直に聞かせていただき、
自分たちもたくさんの服に触れる中であふれたわがまま
「もっとこういうものがほしいな」が形になって、ブランドを始めました。

cittaの語源はサンスクリット語で「心」や「意思」、「精神」を意味する
citta［チッタ］が由来。

フェミニンやセクシーとはちがった、飾りすぎない本質的な女性らしさ。
すっと背筋を伸ばして、自然体で、迷いなく人生を歩いていくような、
そんな強くてしなやかな女性をイメージしてデザインしています。
cittaのデザインの特徴は、
たっぷりとした生地使いや立体的なカーブで作り出す独自のシルエット。
着た人がより美しく見えるということも、
一貫して考え続けてきたテーマです。
主に立体裁断で、パターンメイキングには特に時間をかけて
丁寧に作ってきました。

私たちが、素敵な生地を見つけては、結局いつもその生地がゆらりと
ゆれるワンピースを作りたくなってしまったように、
この本を手に取っていただいた方が、お気に入りの生地を存分に
楽しめる一枚を楽しんで作っていただけたら幸いです。
そんな一枚を街なかで見かけることを楽しみにしております。

citta

戸部祐理　矢口亜紀子

OI

12パーツスカートの
ワンピース

たくさんの切替えで作り出される
たっぷりのフレアは表情豊か。
身にまとうと思わずくるくる回って
しまいたくなるようなワンピース
です。

How to make_ p.34

02

立体切替えの
シャツワンピース

前面がぼこっとカーブした、立体
感を楽しめるシャツワンピース。
切替え下の5個だけボタンを
あけて、燕尾風の着方もできる
ように作っています。

How to make_ P.37

03

立体ポケットの
シャツワンピース

スタンドカラーで直線的なシルエット
のマニッシュな一枚ですが、
切替えのラインは手書きで描いた
ようなやわらかな曲線。女性らしさ
が垣間見えるようなデザインです。

How to make_ P.41

04

ギャザーが
たっぷり入った
シャツワンピース

エアリーな素材がたっぷりと
空気をはらんで気持ちよく
着られるようにデザインしました。
ひとくせ効かせたくてボタンの
並びに遊びを入れています。

How to make_ P.44

05

アシメトリーネックの
シャツワンピース

あまのじゃくにずらした前立てで、
その直線をパイピングで際立た
せた一枚。ヘムラインは大げさに
カーブさせ、合わせるボトムで
ボーイッシュにもモードにも。

How to make_ P.49

06

グレンチェックの
フレアワンピース

生地幅を惜しみなくたっぷりと
使ったフレアロングワンピース。
360度に美しく広がるフレアは、
生地の魅力がとっても引き立ち
ます。

How to make_ P.52

07

ギンガムチェックの
シャーリングトップス

かっこいい女性がふいにポップな
ものをまとったときのどきっと
する感じをイメージしたので、
普段着ないような色柄で挑戦して
もらえるとうれしいです。

How to make_ P.54

o8

ロールカラーの
ロングワンピース

夏にラフに着られるハイネック
で、後ろ衿が特徴的なワンピース。
ノースリーブのラインにはこだわり
があり、二の腕が細長く見える線
を研究しました。

How to make_ P.56

09

V ネックの
タックブラウス

ハイウエスト、ジャストウエストの
ボトムとの組合せや、
ロングワンピースとの重ね着に
使えるようデザインした、
軽やかな一枚です。

How to make_ P.60

10

ダイアモンド
ネックラインの
カイトワンピース

身体のラインをふわりとぼかす、
カーブがまぎれたフレアシルエッ
ト。インナーにタートルネックを
合わせたコーディネートもネック
ラインが際立ちます。

How to make_ P.62

II

ビッグタックの
ロングスカート

ウエストの折り幅でサイズが自在
に変えられる、巻きスカートの
ような一枚。裾に向かってすっと
直線がのびる、強く美しい
Aラインに仕上げました。

How to make_ P.66

12

たっぷりギャザーの
バルーンパンツ

心地よい軽やかなバルーン
シルエットの一枚。裾のゴムを
太ももや膝まで上げるとバルーン
シルエットのまま長さが調整でき、
さまざまな丈感で楽しめます。

How to make_ P.68

13

カーブ切替えのある
ラウンドパンツ

膝がぽこっと突き出るような
デザインのハンサムモードなパンツ。
シンプルながら、着用時のシルエット
には立体裁断でこだわりを詰め込み
ました。

How to make_ P.72

14

チェック柄の
アシメトリーパンツ

すっきりな左に反して、右は大胆な
タックとカーブの切替えでボリュー
ミーに仕上げました。切替えが
映える、チェックやストライプなど
布目がわかる生地でぜひ。

How to make_ P.77

How To Make

作り始める前に

パターンサイズの選び方

自分のヌード寸法をもとにパターンサイズを選びます。作り方ページにある出来上り寸法表も併せて確認しましょう。

付録のパターンについて

この本で紹介した01〜14の作品の作り方は34〜79ページで解説しています。各パターンは7号、9号、11号、13号、15号にグレーディングされて2枚の付録の実物大パターンの中に重なって入っています。デザイン、サイズを間違えないように注意して、ハトロン紙などの別紙に写しとります。その際、合い印や布目線も忘れずに写し取ってください。パーツが紙面に収まらないデザインは、パターン内にある「突合せの印」や「平行に引きのばす」という指示に従って作ってください。

ヌード参考寸法表				(単位はcm)	
	7号	9号	11号	13号	15号
身長	157	160	163	166	169
バスト	79	83	87	91	95
ウエスト	60	64	68	72	76
ヒップ	86	90	94	98	102

サイズと付録の実物大パターンについて

付録の実物大パターンは、左ページのヌード参考寸法表の7号、9号、11号、13号、15号にグレーディング（サイズ展開）されて、A面、B面、C面、D面の各面に入っています。まず、ヌード寸法からご自身や着用されるかたに近いサイズを選びますが、ご紹介する作品は体にフィットしているデザインや、たっぷりとした着丈のものまで様々ですから、迷う場合は大きいサイズを選びましょう。

パターンの写し方

パターンは紙面の都合上それぞれのパーツが重なって配置されています。ハトロン紙を重ねて写しとりますが、途中で写したい線が混乱しないようにマーカーなどで印をつけておきます。パターンを写しとったら裁合せ図を参考に縫い代をつけて縫い代つきのパターンを作ります。15号サイズのパターンには縫い代の破線そのまま写してください。それ以外の7〜13号は15号と同様につけてから裁断します。その際、合い印も忘れずにしるしておきます。また、パターンが紙面からはみ出してしまう04、05、06、08、10は、指示線にそって裁合せ図にある寸法で平行にのばします。

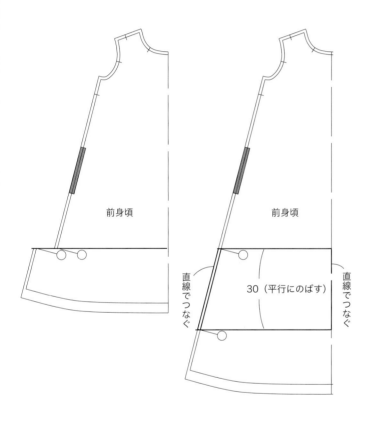

前身頃

前身頃

直線でつなぐ

30（平行にのばす）

直線でつなぐ

着丈の増減のしかた

自分に合った着丈に調節する場合は裾線で操作します。04の場合は中心線、脇線を延長してから裾線に平行に引きのばします。

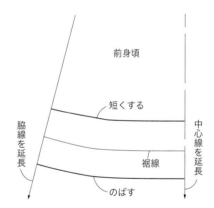

前身頃

短くする

脇線を延長

裾線

中心線を延長

のばす

布地について

口絵ページの作品に似た布地で作ることをおすすめします。作り方も基本作品に使用した布地で作ることを前提にして解説しています。もちろん他の素材で作っていただけますが、生地の落ち感やギャザー分量などのシルエットが多少変わってしまうことを考慮しましょう。

裁断、合い印、印つけについて

裁断は表布を外表に2つに折り、縫い代つきパターンをのせて重しで押さえてパターン線にそって裁断します。ただし、織りの粗いほつれやすい布地は、チョークで裁切り線をしるし、パターンをはずして裁断する方法もあります。どちらの場合も基本的に出来上り線にある合い印は、布端に直角にノッチ（3mmくらいの切込み）を入れます。ダーツやタックの縫止りのようにパターンの内側にある印はチョークペーパーを布にはさみ、目打ちやルレットでしるしてください。

01 / 12 パーツスカートのワンピース

p.4

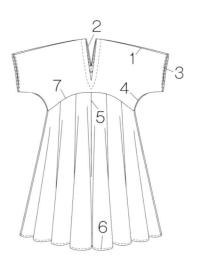

パターン（A面·10パーツ）

前身頃　後ろ身頃　前衿ぐり見返し　後ろ衿ぐり見返し　前スカートA　前スカートB　前スカートC　後ろスカートD　後ろスカートE　後ろスカートF

材料

表布（リネン）…110cm幅
7·9·11号6m10cm、13·15号6m40cm
接着芯（前衿ぐり見返し、後ろ衿ぐり見返し）…90cm幅30cm

準備

・前衿ぐり見返し、後ろ衿ぐり見返しに接着芯をはる。
・各スカートの脇、前衿ぐり見返し、後ろ衿ぐり見返しの奥にロックミシンまたはジグザグミシンをかける。

縫い方順序　★は図参照

1　身頃の肩を縫う。縫い代は後ろ側に倒す。衿ぐり見返しの肩を縫う。縫い代は割る。★
2　衿ぐりを衿ぐり見返しで縫い返す。★
3　袖口を三つ折りにして縫う。★
4　袖下を縫う。縫い代は後ろ側に倒す。★
5　スカートをはぎ合わせる。縫い代は割る。★
6　スカートの裾を三つ折りにして縫う。★
7　身頃とスカートを縫い合わせる。縫い代はスカート側に倒す。★

BS

出来上り寸法			（単位はcm）
サイズ	7·9号	11·13号	15号
バスト	127	131	135
ウエスト	102	106	110
ヒップ	314	318	322
着丈	109	109	109

裁合せ図（表布）

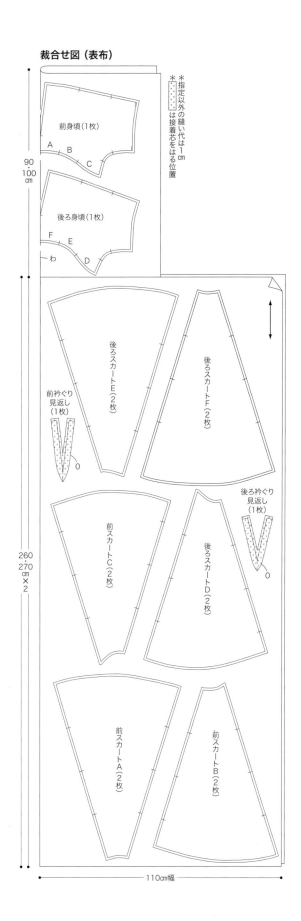

90・100 ㎝

※指定以外の縫い代は1㎝
※ は接着芯をはる位置

前身頃（1枚）

A　B
　　C

後ろ身頃（1枚）

F　E
　　D
わ

260・270㎝×2

前衿ぐり
見返し
（1枚）
0

後ろスカートE（2枚）

後ろスカートF（2枚）

前スカートC（2枚）

後ろ衿ぐり
見返し
（1枚）
0

後ろスカートD（2枚）

前スカートA（2枚）

前スカートB（2枚）

110㎝幅

1　身頃の肩を縫う。縫い代は後ろ側に倒す。
　衿ぐり見返しの肩を縫う。縫い代は割る。

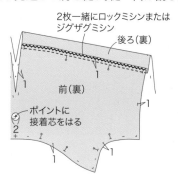

2枚一緒にロックミシンまたは
ジグザグミシン

後ろ（裏）

前（裏）

ポイントに
接着芯をはる
2

1

1

後ろ衿ぐり
見返し（裏）

1

前衿ぐり
見返し（裏）

2 衿ぐりを衿ぐり見返しで縫い返す。

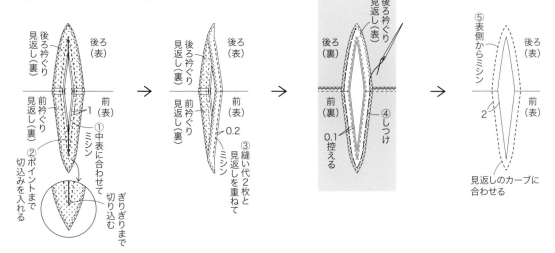

3 袖口を三つ折りにして縫う。

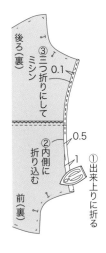

4 袖下を縫う。縫い代は後ろ側に倒す。

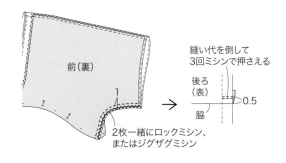

5 スカートをはぎ合わせる。縫い代は割る。
6 スカートの裾を三つ折りにして縫う。

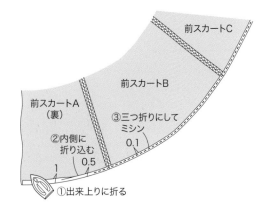

7 身頃とスカートを縫い合わせる。
　　縫い代はスカート側に倒す。

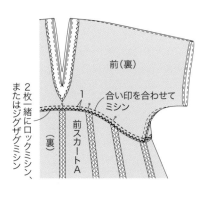

O2 / 立体切替えのシャツワンピース

p.6

パターン（A面・10パーツ）

前身頃　後ろ身頃　前後身頃裾側　前後身頃裾見返し　袖
袖口見返し　上衿　台衿　前立て　ポケット

材料

表布（ベージュ/タイプライター、白/ボイル）…110cm幅
7・9・11号2m60cm、13・15号2m80cm
接着芯（表上衿、裏上衿、表台衿、裏台衿、前立て、袖口見返
し、前後身頃裾見返し）…90cm幅1m
ボタン…直径1.1cmを14個

準備

・表上衿、裏上衿、表台衿、裏台衿、前立て、袖口見返し、前
　後身頃裾見返しに接着芯をはる。

縫い方順序　★は図参照

1　ポケットを作り、左前身頃につける。★
2　肩ダーツを縫う。縫い代は中心側に倒す。★
3　脇を縫う。縫い代は後ろ側に倒す。★
4　前後身頃裾側の後ろ中心を縫う。縫い代は右身頃側に倒
　　す。★
5　身頃と前後身頃裾側を縫う。縫い代は上身頃側に倒す。★
6　前後身頃に裾見返しをつける。★
7　前立てをつける。★
8　肩を縫う。縫い代は後ろ側に倒す。★
9　衿を作る。★
10　衿をつける。★
11　袖を作る。★
12　袖をつける。縫い代は袖側に倒す。★
13　ボタン穴を作り、ボタンをつける。★

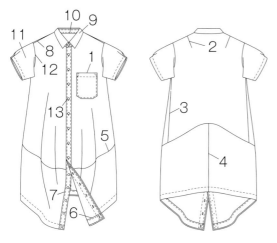

出来上り寸法　（単位はcm）

サイズ	7号	9号	11号	13号	15号
バスト	92	96	100	104	108
ウエスト	107	111	115	119	123
ヒップ	128	132	136	140	144
袖丈	15.5	15.5	15.5	15.5	15.5
着丈	85	85	85	85	85

裁合せ図（表布）

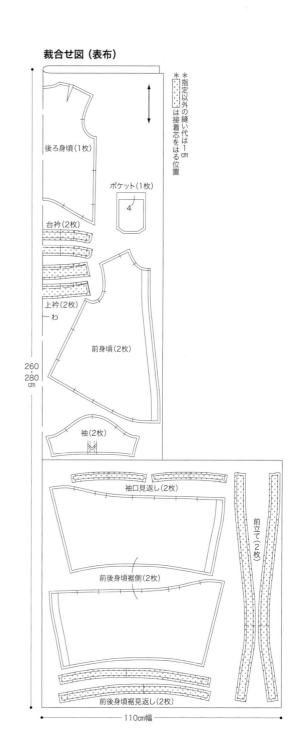

＊指定以外の縫い代は1cm
＊ ::::: は接着芯をはる位置

後ろ身頃（1枚）
ポケット（1枚）
台衿（2枚）
上衿（2枚）
わ
前身頃（2枚）
袖（2枚）
袖口見返し（2枚）
前立て（2枚）
前後身頃裾側（2枚）
前後身頃裾見返し（2枚）

260〜280cm

110cm幅

1 ポケットを作り、左前身頃につける。

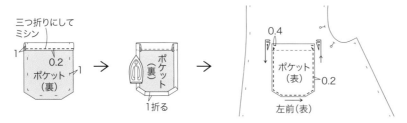

2 肩ダーツを縫う。縫い代は中心側に倒す。

3 脇を縫う。縫い代は後ろ側に倒す。

4 前後身頃裾側の後ろ中心を縫う。
縫い代は右身頃側に倒す。

5 身頃と前後身頃裾側を縫う。
縫い代は上身頃側に倒す。

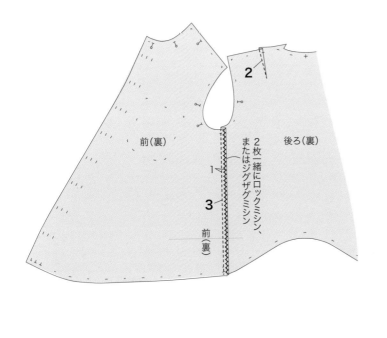

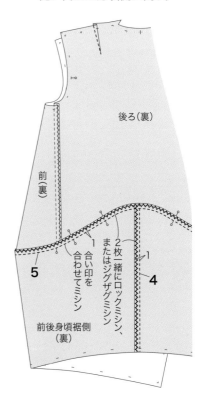

6 前後身頃に裾見返しをつける。

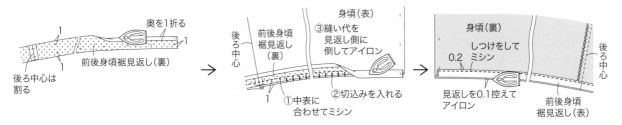

7 前立てをつける。

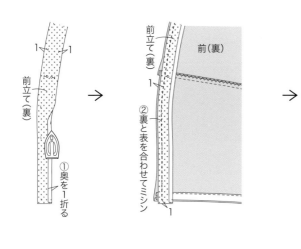

①奥を1折る

②裏と表を合わせてミシン

前立て（裏）

前立て（裏）

前（裏）

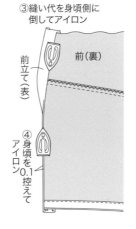

③縫い代を身頃側に倒してアイロン

前（裏）

前立て（表）

④身頃を0.1控えてアイロン

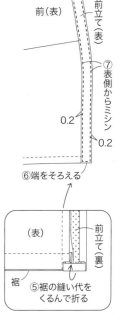

前（表）

前立て（表）

⑦表側からミシン

0.2

0.2

⑥端をそろえる

（表）

前立て（裏）

裾

⑤裾の縫い代をくるんで折る

8 肩を縫う。縫い代は後ろ側に倒す。

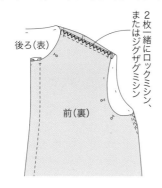

2枚一緒にロックミシン、またはジグザグミシン

後ろ（表）

前（裏）

9 衿を作る。

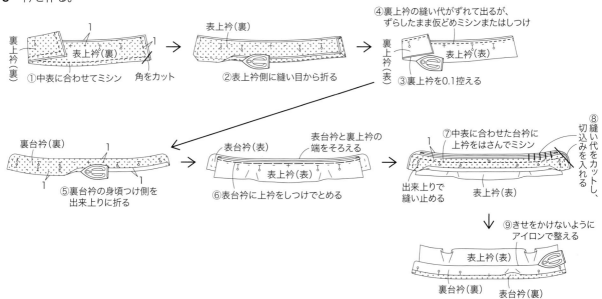

裏上衿（裏）

表上衿（裏）

①中表に合わせてミシン

角をカット

表上衿（裏）

②表上衿側に縫い目から折る

④裏上衿の縫い代がずれて出るが、ずらしたまま仮どめミシンまたはしつけ

裏上衿（表）

表上衿（表）

③裏上衿を0.1控える

裏台衿（裏）

⑤裏台衿の身頃つけ側を出来上りに折る

表台衿（表）

表上衿（表）

表台衿と裏上衿の端をそろえる

⑥表台衿に上衿をしつけでとめる

⑦中表に合わせた台衿に上衿をはさんでミシン

出来上りで縫い止める

表上衿（表）

⑧縫い代をカットし、切込みを入れる

⑨きせをかけないようにアイロンで整える

表上衿（表）

裏台衿（裏）

表台衿（裏）

10　衿をつける。

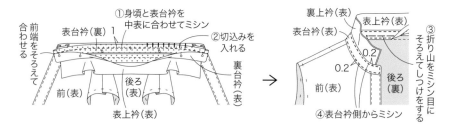

前端をそろえて合わせる

①身頃と表台衿を中表に合わせてミシン
②切込みを入れる

表台衿（裏）1
裏台衿（表）
前（表）
後ろ（表）
表上衿（表）

裏上衿（表）
表上衿（表）
表台衿（表）
0.2
0.2
前（表）
後ろ（裏）

③折り山をミシン目にそろえてしつけをする

④表台衿側からミシン

11　袖を作る。

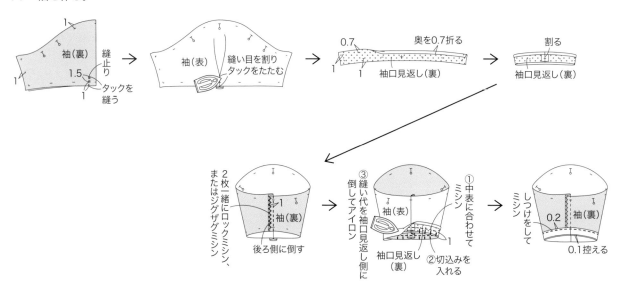

1
1
袖（裏）
1.5
1
縫止り
タックを縫う

袖（表）
縫い目を割りタックをたたむ

0.7
1
1
奥を0.7折る
袖口見返し（裏）

割る
袖口見返し（裏）

2枚一緒にロックミシン、またはジグザグミシン
1
袖（裏）
後ろ側に倒す

③縫い代を袖口見返し側に倒してアイロン
袖（表）
①中表に合わせてミシン
袖口見返し（裏）
②切込みを入れる
1

ミシン
しつけをして
0.2
袖（裏）
0.1控える

12　袖をつける。縫い代は袖側に倒す。

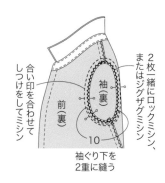

合い印を合わせてしつけをしてミシン
袖（裏）
前（裏）
2枚一緒にロックミシン、またはジグザグミシン
10
袖ぐり下を2重に縫う

13　ボタン穴を作り、ボタンをつける。

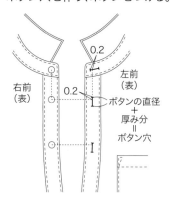

0.2
右前（表）
左前（表）
0.2
ボタンの直径＋厚み分＝ボタン穴

03 / 立体ポケットのシャツワンピース

p.8

パターン（A面・7パーツ）

前身頃　前身頃裾側　後ろ身頃　後ろ身頃裾側　脇身頃　衿
ポケット袋布

材料

表布（リネンダンガリー）…110cm幅
7・9・11号5m20cm、13・15号5m40cm
接着芯（表衿、裏衿、前見返し）…90cm幅1m
ボタン…直径1.1cmを13個

準備

・表衿、裏衿、前見返しに接着芯をはる。

縫い方順序　★は図参照

1　前後の身頃と裾側をそれぞれ縫い合わせる。縫い代は裾側に倒
　　す。前見返しの奥を出来上りに折る。★
2　ポケットを作る。★
3　前脇の切替えを縫う。縫い代は前身頃側に倒す。★
4　後ろ脇の切替えを縫う。縫い代は後ろ身頃側に倒す。★
5　裾を三つ折りにして縫う。★
6　前見返しを三つ折りにして縫う。★
7　肩を縫う。縫い代は後ろ側に倒す。★
8　袖ぐりを共布バイアス布で始末する。★
9　衿を作る。★
10　衿をつける。★
11　ボタン穴を作り、ボタンをつける。★

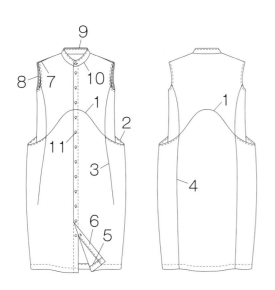

裁合せ図（表布）

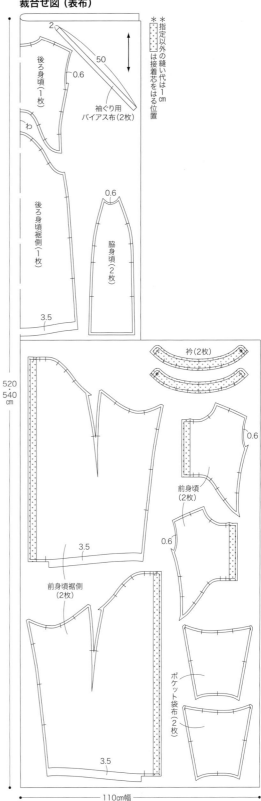

出来上り寸法				（単位はcm）	
サイズ	7号	9号	11号	13号	15号
バスト	84.5	88.5	92.5	96.5	100.5
ウエスト	94	98	102	106	110
ヒップ	103	107	111	115	119
着丈	86	86	86	86	86

1 前後の身頃と裾側をそれぞれ縫い合わせる。
縫い代は裾側に倒す。
前見返しの奥を出来上りに折る。

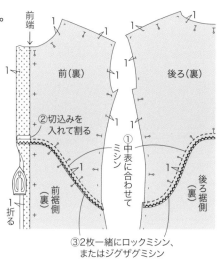

前端

②切込みを
入れて割る

前（裏）　　後ろ（裏）

①中表に合わせて
ミシン

前裾側
（裏）

後ろ裾側
（裏）

1折る

③2枚一緒にロックミシン、
またはジグザグミシン

2 ポケットを作る。

②切込みを
入れる

①中表に合わせて
ミシン

ポケット
袋布（裏）

前裾側（表）

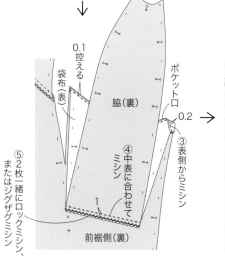

0.1
控える

袋布
（表）

脇（裏）

ポケット
口

0.2

③表側からミシン

④中表に合わせて
ミシン

⑤2枚一緒にロックミシン、
またはジグザグミシン

前裾側（裏）

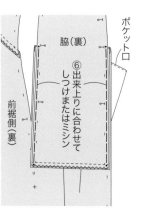

脇（裏）

ポケット口

⑥出来上りに合わせて
しつけまたはミシン

前裾側
（裏）

3 前脇の切替えを縫う。
縫い代は前身頃側に倒す。

4 後ろ脇の切替えを縫う。
縫い代は後ろ身頃側に倒す。

前
（裏）

後ろ
（裏）

3　4

脇（裏）

前裾側
（裏）

全部一緒にロックミシン、
またはジグザグミシン

後ろ裾側
（裏）

5 裾を三つ折りにして縫う。

6 前見返しを三つ折りにして縫う。

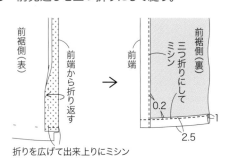

前裾側
（表）

前端から折り返す

前端

前裾側（裏）

三つ折りにして
ミシン

0.2

2.5

折りを広げて出来上りにミシン

7 肩を縫う。
縫い代は後ろ側に倒す。

2枚一緒にロックミシン、
またはジグザグミシン

前（裏）

8 袖ぐりを共布バイアス布で始末する。

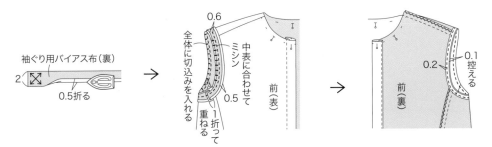

袖ぐり用バイアス布（裏）

0.5折る

0.6

全体に切込みを入れる

中表に合わせてミシン

0.5

1折って重ねる

前（表）

0.1控える

0.2

前（裏）

9 衿を作る。

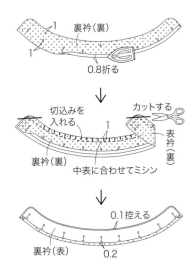

裏衿（裏）

0.8折る

切込みを入れる

カットする

裏衿（裏）

表衿（裏）

中表に合わせてミシン

0.1控える

裏衿（表）

0.2

10 衿をつける。

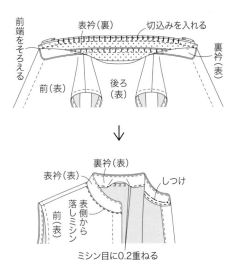

前端をそろえる

表衿（裏）

切込みを入れる

裏衿（表）

前（表）

後ろ（表）

表衿（表）

裏衿（表）

しつけ

表側から落しミシン

前（表）

ミシン目に0.2重ねる

11 ボタン穴を作り、ボタンをつける。

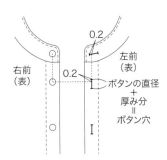

0.2

右前（表）

0.2

左前（表）

ボタンの直径＋厚み分＝ボタン穴

パターン（B面・10パーツ）

前身頃　後ろ身頃　前ヨーク　後ろヨーク　袖　カフス
上衿　台衿　前立て　袋布

材料

表布（コットンボイル）…140cm幅
7・9・11号2m20cm、13・15号2m40cm
接着芯（表上衿、裏上衿、表台衿、裏台衿、前立て、カフス）…
90cm幅40cm
接着テープ（前ポケット口）…1.5cm幅40cm
ボタン…直径0.9cmを23個

準備

・表上衿、裏上衿、表台衿、裏台衿、前立て、カフスに接着芯
　をはる。
・前身頃のポケット口に接着テープをはる。
・前身頃のポケット口、袋布Aのポケット口にロックミシンま
　たはジグザグミシンをかける。

縫い方順序　★は図参照

1　ポケット口を残して脇を縫い、ポケットを作る。★
2　前後身頃にギャザーを寄せて表・裏ヨークではさみ、縫い
　合わせる。★
3　ヨークの肩を縫う。★
4　裾を三つ折りにして縫う。★
5　前立てをつける。★
6　衿を作る。（p.39　9参照）
7　衿をつける。（p.40　10参照）
8　袖を作る。★
9　袖をつける。縫い代は袖側に倒す。★
10　ボタン穴を作り、ボタンをつける。★

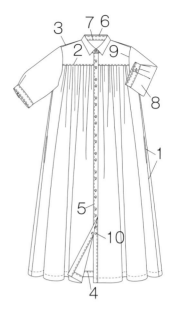

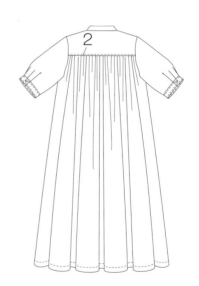

| 出来上り寸法 | | | | （単位はcm） |
サイズ	7号	9号	11号	13号	15号
バスト	234	238	242	246	250
ウエスト	239	243	247	251	255
ヒップ	244	248	252	256	260
袖丈	34.5	34.5	34.5	34.5	34.5
着丈	128	128	128	128	128

裁合せ図（表布）

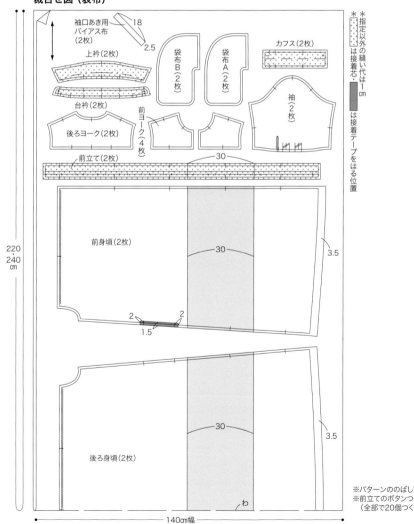

袖口あき用
バイアス布
(2枚)   18
            2.5

上衿(2枚)

台衿(2枚)

後ろヨーク(2枚)

前立て(2枚)

前身頃(2枚)

袋布B(2枚)

袋布A(2枚)

前ヨーク(4枚)

30

2   2
1.5

カフス(2枚)

袖(2枚)

30

3.5

後ろ身頃(2枚)

30

3.5

わ

※指定以外の縫い代は1㎝

::::: は接着芯・ ▓ は接着テープをはる位置

220・240㎝

140㎝幅

※パターンののばし方はp.33参照
※前立てのボタンつけ位置は同間隔につける
　（全部で20個つく）

45

1 ポケット口を残して脇を縫い、ポケットを作る。

《準備》

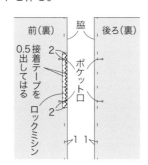

①ポケット口を残して縫う。
　ポケット口の縫い代は割り、その他は後ろ側に倒す

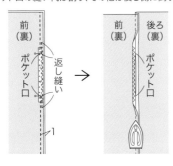

②前の縫い代に袋布Aをまち針でとめ、
　身頃側からポケット口にミシンをかける

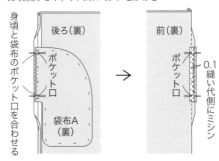

③ポケット口の上下に切込みを入れて
　袋布のポケット口をミシンで押さえる

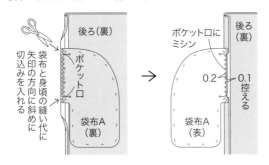

④袋布A、Bを中表に合わせて後ろ身頃の
　縫い代に袋布Bをまち針でとめ、身頃側から
　ポケット口にミシンをかける

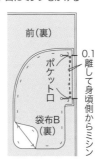

⑤袋布の周囲を縫う

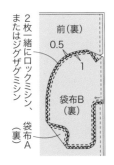

⑥後ろ身頃の縫い代に袋布の端をミシンでとめ、
　前後一緒にして脇にロックミシンをかける

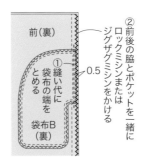

⑦身頃側から袋布Bまで通して
　ポケット口の上下に3回
　ミシンをかける

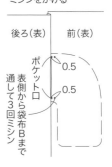

2 前後身頃にギャザーを寄せて表・裏ヨークではさみ、縫い合わせる。

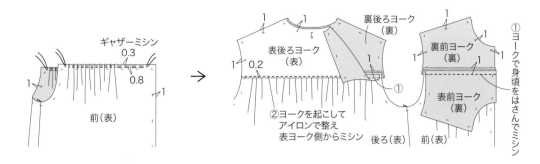

ギャザーミシン
0.3
0.8
前（表）

表後ろヨーク（表）
0.2
裏後ろヨーク（裏）
裏前ヨーク（裏）
表前ヨーク（裏）
①
後ろ（表）　前（表）

①ヨークで身頃をはさんでミシン

②ヨークを起こして
アイロンで整え
表ヨーク側からミシン

3 ヨークの肩を縫う。

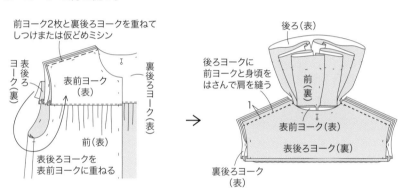

前ヨーク2枚と裏後ろヨークを重ねて
しつけまたは仮どめミシン

表後ろヨーク（裏）
表前ヨーク（表）
裏後ろヨーク（表）
前（表）
表後ろヨークを
表前ヨークに重ねる

後ろ（表）
後ろヨークに
前ヨークと身頃を
はさんで肩を縫う
前（裏）
表前ヨーク（表）
表後ろヨーク（裏）
裏後ろヨーク（表）

4 裾を三つ折りにして縫う。

前（裏）
2.5　0.2
三つ折りにして
ミシン

5 前立てをつける。

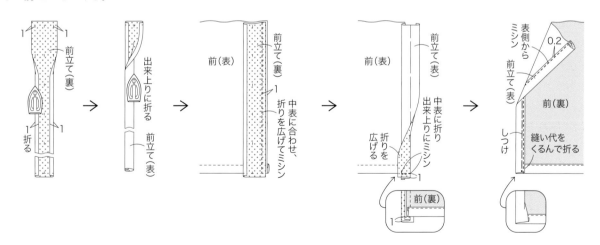

前立て（裏）
折る
出来上りに折る
前立て（表）

前（表）
前立て（裏）
中表に合わせ、
折りを広げてミシン

前（表）
前立て（表）
中表に折り
出来上りにミシン
折りを
広げる

表側から
ミシン　0.2
前立て（表）
前（裏）
縫い代を
くるんで折る
しつけ

前（裏）

8 袖を作る。

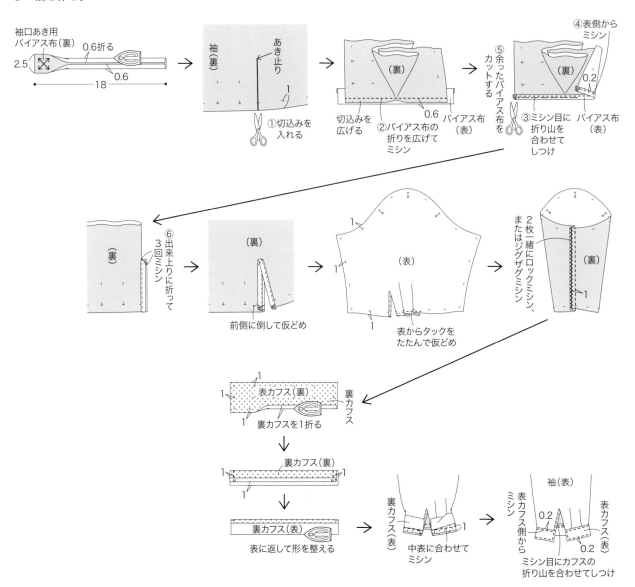

袖口あき用
バイアス布（裏）
2.5
0.6折る
0.6
18

あき止り
袖（裏）
①切込みを
入れる

（裏）
切込みを
広げる
②バイアス布の
折りを広げて
ミシン
0.6
バイアス布
（表）

④表側から
ミシン
⑤余った
バイアス布を
カットする
（裏）
0.2
③ミシン目に
折り山を
合わせて
しつけ
バイアス布
（表）

（裏）
⑥出来上りに折って
3回ミシン

（裏）
前側に倒して仮どめ

（表）
1
1
表からタックを
たたんで仮どめ

2枚一緒にロックミシン、
またはジグザグミシン
（裏）
1

表カフス（裏）
1
1
裏カフス
裏カフスを1折る

裏カフス（裏）
1
1

裏カフス（表）
表に返して形を整える

裏カフス
（表）
中表に合わせて
ミシン
1

袖（表）
ミシン
0.2
表カフス側から
0.2
表カフス
（表）
ミシン目にカフスの
折り山を合わせてしつけ

9 袖をつける。縫い代は袖側に倒す。

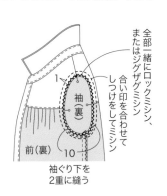

全部一緒にロックミシン、
またはジグザグミシン
合い印を合わせて
しつけをしてミシン
1
袖（裏）
前（裏）
10
袖ぐり下を
2重に縫う

10 ボタン穴を作り、ボタンをつける。

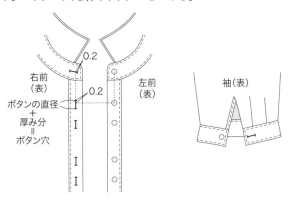

0.2
右前
（表）
0.2
左前
（表）
ボタンの直径
＋
厚み分
＝
ボタン穴

袖（表）

05 アシメトリーネックのシャツワンピース

p.12

パターン（B面・9パーツ）

右前身頃　右前見返し　左前身頃　後ろ身頃　袖　カフス　上衿
台衿　袋布

材料

表布（コットンストレッチ）…110cm幅
7・9・11号3m20cm、13・15号3m60cm
パイピング布（木綿）…30×30cm
接着芯（表上衿、裏上衿、表台衿、裏台衿、前見返し、カフス、パイピ
ング布）…90cm幅1m
接着テープ（前ポケット口）…1.5cm幅40cm
ボタン…直径1cmを13個

準備

・表上衿、裏上衿、表台衿、裏台衿、右前見返し、左前身頃の見返し
　部分、カフス、パイピング布に接着芯をはる。前身頃のポケット口に
　接着テープをはる。
・袖下、前身頃のポケット口、袋布Aのポケット口にロックミシンまた
　はジグザグミシンをかける。

縫い方順序　★は図参照

1　ポケット口を残して脇を縫い、ポケットを作る。(p.46　1参照)
2　右前端にパイピング布を合わせ、前見返しで縫い返す。前見返し
　　の奥を出来上りに折る。★
3　裾を三つ折りにして縫う。★
4　前見返しの奥を縫う。★
5　肩を縫う。縫い代は後ろ側に倒す。★
6　衿を作る。(p.39　9参照)
7　衿をつける。(p.40　10参照)
8　袖を作る。★
9　袖をつける。★
10 ボタン穴を作り、ボタンをつける。★

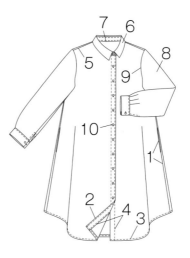

サイズ	7号	9号	11号	13号	15号
バスト	90	94	98	102	106
ウエスト	109	113	117	121	125
ヒップ	130	134	138	142	146
袖丈	58	58	58	58	58
着丈	102	102	102	102	102

出来上り寸法　（単位はcm）

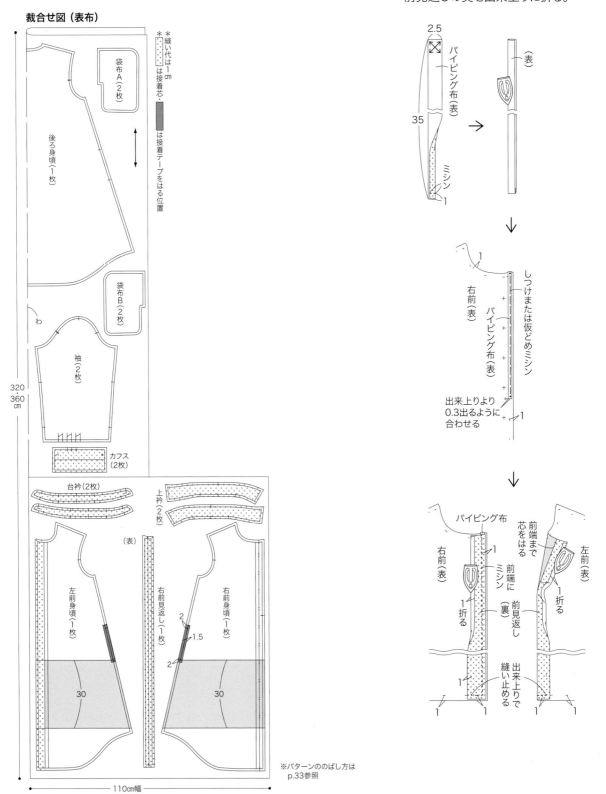

2 右前端にパイピング布を合わせ、
前見返しで縫い返す。
前見返しの奥を出来上りに折る。

裁合せ図（表布）

※縫い代は1cm
※ ∷∷∷∷ は接着芯・
　 ▬ は接着テープをはる位置

袋布A（2枚）

後ろ身頃（1枚）

袋布B（2枚）

わ

袖（2枚）

320
360cm

カフス
（2枚）

台衿（2枚）

上衿（2枚）

（表）

左前身頃（1枚）

左前見返し（1枚）

右前見返し（1枚）

右前身頃（1枚）

2

1.5

2

30

30

110cm幅

※パターンののばし方は
p.33参照

2.5

パイピング布（表）

35

（表）

ミシン

1

右前（表）

パイピング布（表）

しつけまたは仮どめミシン

出来上りより
0.3出るように
合わせる

1

1

パイピング布

右前（表）

前端にミシン

1折る

出来上りで
縫い止める

1

1

前見返し（裏）

左前（表）

前端まで
芯をはる

1折る

1

1

1

3 裾を三つ折りにして縫う。

4 前見返しの奥を縫う。

5 肩を縫う。縫い代は後ろ側に倒す。

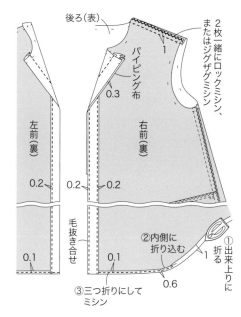

後ろ(表)

2枚一緒にロックミシン、またはジグザグミシン

パイピング布

0.3

左前(裏)

右前(裏)

0.2　0.2　0.2

0.1　0.1

毛抜き合せ

②内側に折り込む

①出来上りに折る

0.6

③三つ折りにしてミシン

8 袖を作る。

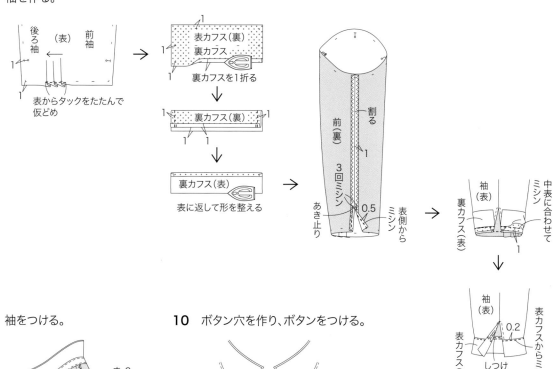

後ろ袖　(表)　前袖

表からタックをたたんで仮どめ

表カフス(裏)
裏カフス

裏カフスを1折る

裏カフス(裏)

裏カフス(表)

表に返して形を整える

前(裏)

割る

3回ミシン

あき止り

0.5

表側からミシン

袖(表)

裏カフス(表)

中表に合わせてミシン

袖(表)

0.2

表カフス(表)

表カフス(表)

表カフスからミシン

しつけ

9 袖をつける。

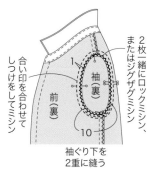

合い印を合わせてしつけをしてミシン

2枚一緒にロックミシン、またはジグザグミシン

袖(裏)

前(裏)

10

袖ぐり下を2重に縫う

10 ボタン穴を作り、ボタンをつける。

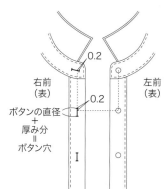

0.2

右前(表)

左前(表)

0.2

ボタンの直径＋厚み分＝ボタン穴

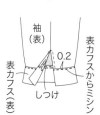

p.14

パターン（B面・7パーツ）

前身頃　後ろ身頃　前衿ぐり見返し　後ろ衿ぐり見返し
前袖ぐり見返し　後ろ袖ぐり見返し　袋布

材料

表布（リネン）…150cm幅
7・9・11号2m90cm、13・15号3m
接着芯（前衿ぐり見返し、後ろ衿ぐり見返し、前袖ぐり見返し、
後ろ袖ぐり見返し、肩あき）…90cm幅40cm
接着テープ（前ポケット口）…1.5cm幅40cm
ボタン…直径1.3cmを3個

準備

・前衿ぐり見返し、後ろ衿ぐり見返し、前袖ぐり見返し、後ろ袖
　ぐり見返し、肩あきに接着芯をはる。
・前身頃のポケット口に接着テープをはる。
・前後衿ぐり見返しの奥、前後袖ぐり見返しの奥、前身頃のポ
　ケット口、袋布Aのポケット口にロックミシンまたはジグザグ
　ミシンをかける。

縫い方順序　★は図参照

1　ポケット口を残して脇を縫い、ポケットを作る（p.46　1参
　　照）。後ろ身頃の脇にステッチをかける。
2　裾を三つ折りにして縫う。★
3　身頃の右肩を縫う。縫い代は後ろ側に倒す。衿ぐり見返し
　　の右肩、袖ぐり見返しの右肩と脇を縫う。縫い代は割る。★
4　衿ぐりを衿ぐり見返しで縫い返す。★
5　袖ぐりを袖ぐり見返しで縫い返す。左肩のあきを作る。★
6　ボタン穴を作り、ボタンをつける。★

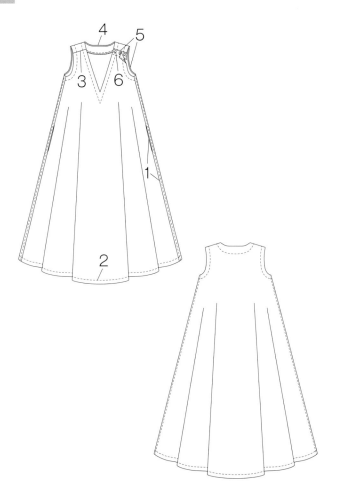

出来上り寸法　（単位はcm）

サイズ	7・9号	11・13号	15号
バスト	90	94	98
ウエスト	132	136	140
ヒップ	165	169	173
着丈	126	126	126

2　裾を三つ折りにして縫う。

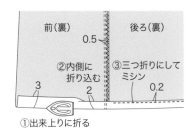

前（裏）　　後ろ（裏）
0.5
②内側に　　③三つ折りにして
折り込む　　ミシン
3　　　　2　　　　0.2
①出来上りに折る

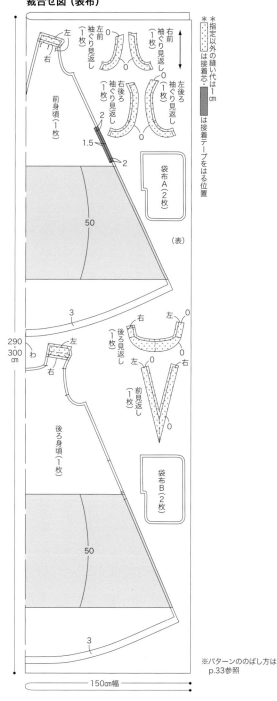

裁合せ図（表布）

※ 指定以外の縫い代は1cm
（点線）は接着芯・（濃い部分）は接着テープをはる位置

左／右
左前袖ぐり見返し（1枚）
右前袖ぐり見返し（1枚）
左後ろ袖ぐり見返し（1枚）
右後ろ袖ぐり見返し（1枚）

前身頃（1枚）

2
1.5
2

50
（表）

袋布A（2枚）

3

右／左
後ろ見返し（1枚）
左／右
前見返し（1枚）

後ろ身頃（1枚）

袋布B（2枚）

50

3

290
300
cm

わ

150cm幅

※パターンののばし方は
p.33参照

---

3 身頃の右肩を縫う。縫い代は後ろ側に倒す。衿ぐり見返しの右肩、袖ぐり見返しの右肩と脇を縫う。縫い代は割る。

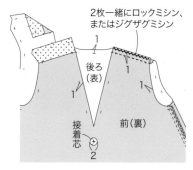

2枚一緒にロックミシン、またはジグザグミシン
後ろ（表）
前（裏）
接着芯
1　1　1　1　2

4 衿ぐりを衿ぐり見返しで縫い返す。

5 袖ぐりを袖ぐり見返しで縫い返す。左肩のあきを作る。

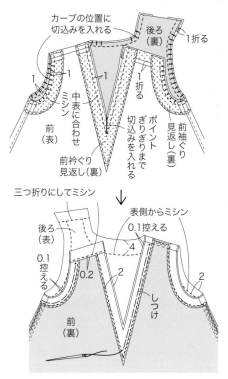

カーブの位置に切込みを入れる
後ろ（裏）
1折る
ミシン
中表に合わせ
前（表）
前袖ぐり見返し（裏）
1折る
ポイントぎりぎりまで切込みを入れる
前衿ぐり見返し（裏）

三つ折りにしてミシン
表側からミシン
0.1控える
後ろ（表）
0.1控える
0.2
4
2
2
前（裏）
しつけ

6 ボタン穴を作り、ボタンをつける。

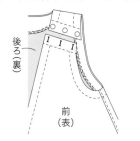

後ろ（裏）
前（表）

パターン（C面・2パーツ）
前身頃　後ろ身頃

材料
表布（ギンガムジャカード）…90cm幅
7・9・11号1m50cm、13・15号1m60cm
シャーリングテープ…0.8cm幅70cm

準備
・前後身頃の裾にロックミシンまたはジグザグミシンをかける。

縫い方順序　★は図参照
1　肩を縫う。縫い代は後ろ側に倒す。★
2　衿ぐりと袖ぐりを共布バイアス布で始末する。★
3　脇を縫う。縫い代は後ろ側に倒す。★
4　裾を二つ折りにして縫う。★
5　前中心と後ろウエストにシャーリングテープをつける。★

裁合せ図（表布）

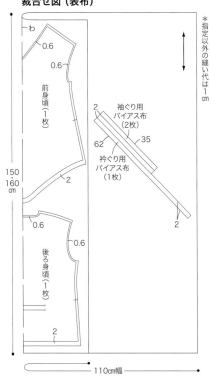

1　肩を縫う。
　縫い代は後ろ側に倒す。

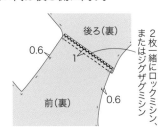

出来上り寸法　　　　　　　　（単位はcm）

サイズ	7・9号	11・13号	15号
バスト	81	85	89
ウエスト	90	94	98
着丈	52	55	58

2 衿ぐりと袖ぐりを共布バイアス布で始末する。

3 脇を縫う。縫い代は後ろ側に倒す。

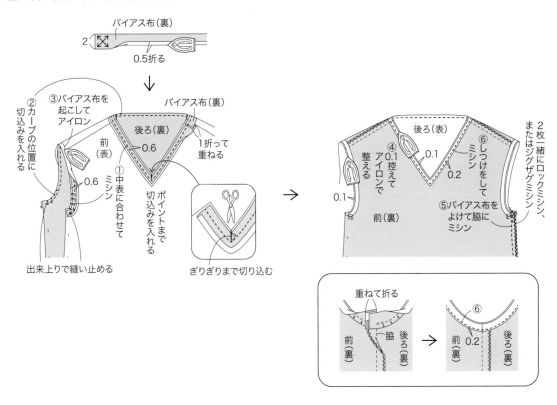

4 裾を二つ折りにして縫う。

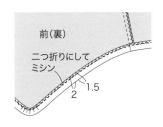

5 前中心と後ろウエストにシャーリングテープをつける。

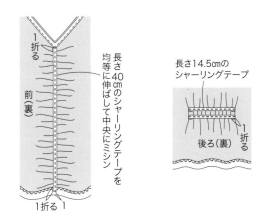

08 / ロールカラーのロングワンピース

p.18

パターン（C面・5パーツ）
前身頃　後ろ身頃　衿　前後袖ぐり見返し　袋布

材料
表布（コットンレーヨンクレープ）…110cm幅
7・9・11号2m80cm、13・15号2m90cm
接着芯（前後袖ぐり見返し）…90cm幅30cm
接着テープ（前ポケット口）…1.5cm幅40cm
コンシールファスナー…56cm

準備
・前後袖ぐり見返しに接着芯をはる。
・前身頃のポケット口に接着テープをはる。
・後ろ身頃の後ろ中心、前後袖ぐり見返しの奥、前身頃のポケット口、
　袋布Aのポケット口にロックミシンまたはジグザグミシンをかける。

縫い方順序　★は図参照
1　後ろ身頃のタックを裏から縫う。★
2　ファスナー止りより下の後ろ中心を縫い、ファスナーをつける。
　　（p.64　1参照）
3　ポケット口を残して脇を縫い、ポケットを作る。（p.46　1参照）
4　裾を三つ折りにして縫う。★
5　肩を縫う。縫い代は2枚一緒にロックミシンまたはジグザグミシン
　　をかけ、後ろ側に倒す。
6　袖ぐり見返しの脇を縫う。縫い代は割る。袖ぐりを袖ぐり見返しで
　　縫い返す。★
7　衿を作る。★
8　衿をつける。★

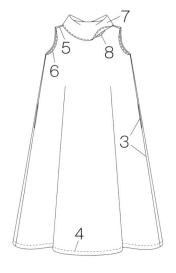

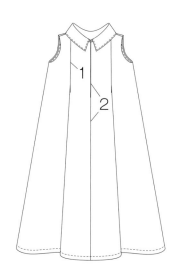

出来上り寸法　　　　　　　（単位はcm）

サイズ	7・9号	11・13号	15号
バスト	102	106	110
ウエスト	132	136	140
ヒップ	151	155	159
着丈	126	126	126

裁合せ図（表布）

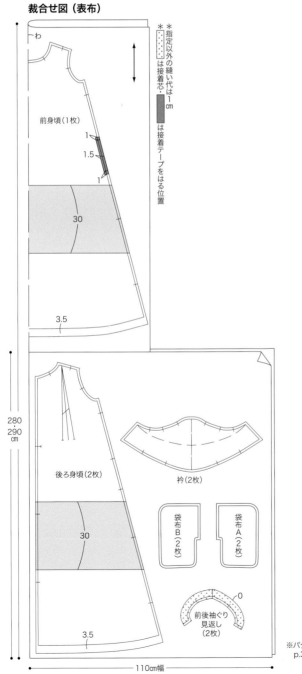

前身頃（1枚）

1

1.5

1

30

3.5

わ

＊指定以外の縫い代は1cm

＊ ░░░ は接着芯・ ▬ は接着テープをはる位置

280・290cm

後ろ身頃（2枚）

30

3.5

衿（2枚）

袋布B（2枚）

袋布A（2枚）

0

前後袖ぐり見返し（2枚）

※パターンののばし方は
p.33参照

110cm幅

1　後ろ身頃のタックを裏から縫う。

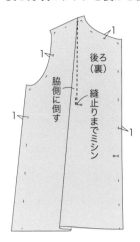

後ろ（裏）

脇側に倒す

縫止りまでミシン

4　裾を三つ折りにして縫う。

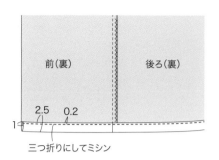

前（裏）　　　　後ろ（裏）

2.5　0.2

三つ折りにしてミシン

6　袖ぐり見返しの脇を縫う。縫い代は割る。
　　袖ぐりを袖ぐり見返しで縫い返す。

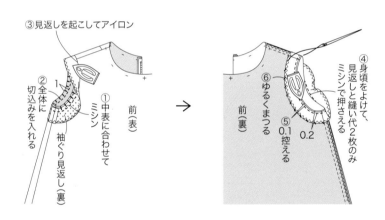

③見返しを起こしてアイロン

②全体に切込みを入れる

①中表に合わせてミシン

袖ぐり見返し（裏）

前（表）

④身頃をよけて、見返しと縫い代2枚のみミシンで押さえる

⑥ゆるくまつる

⑤0.1控える

0.2

前（裏）

7 衿を作る。

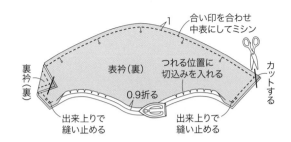

合い印を合わせ
中表にしてミシン

裏衿（裏）

表衿（裏）

つれる位置に
切込みを入れる

カットする

0.9折る

出来上りで
縫い止める

出来上りで
縫い止める

8 衿をつける。

裏衿（裏）

表衿（表）

毛抜き合せ

→

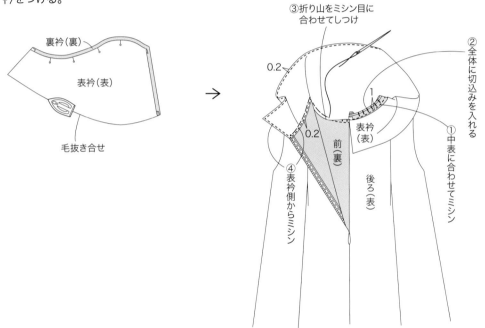

③折り山をミシン目に
合わせてしつけ

0.2

②全体に切込みを
入れる

0.2

前（裏）

表衿（表）

後ろ（表）

1

④表衿側からミシン

①中表に合わせてミシン

パターン（C面・6パーツ）
前身頃　後ろ身頃　前衿ぐり見返し　後ろ衿ぐり見返し
前袖ぐり見返し　後ろ袖ぐり見返し

材料
表布（スムース）…110cm幅
7・9・11号1m10cm、13・15号1m20cm
接着芯（前衿ぐり見返し、後ろ衿ぐり見返し、前袖ぐり見返し、後ろ袖ぐり見返し）…90cm幅40cm

準備
・前衿ぐり見返し、後ろ衿ぐり見返し、前袖ぐり見返し、後ろ袖ぐり見返しに接着芯をはる。
・前後衿ぐり見返しの奥、前後袖ぐり見返しの奥にロックミシンまたはジグザグミシンをかける。

縫い方順序　★は図参照
1　裏側からタックを縫う。★
2　身頃の肩を縫う。縫い代は後ろ側に倒す。衿ぐり見返しの肩、袖ぐり見返しの肩と脇を縫う。縫い代は割る。★
3　脇を縫う。縫い代は後ろ側に倒す。★
4　裾を三つ折りにして縫う。★
5　衿ぐりを衿ぐり見返しで縫い返す。★
6　袖ぐりを袖ぐり見返しで縫い返す。★

出来上り寸法			(単位はcm)
サイズ	7・9号	11・13号	15号
バスト	146	150	154
ウエスト	146	150	154
着丈	42	45	48

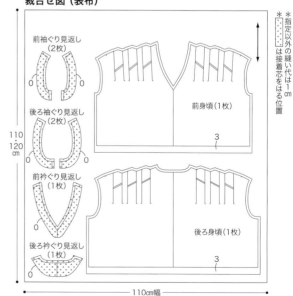

裁合せ図（表布）

前袖ぐり見返し（2枚）

後ろ袖ぐり見返し（2枚）

前衿ぐり見返し（1枚）

後ろ衿ぐり見返し（1枚）

前身頃（1枚）

後ろ身頃（1枚）

110
120
cm

110cm幅

＊指定以外の縫い代は1cm
＊ ████ は接着芯をはる位置

1 裏側からタックを縫う。

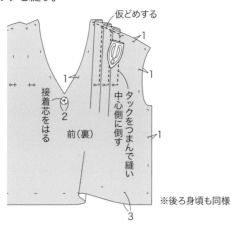

仮どめする

タックをつまんで縫い
中心側に倒す

前（裏）

接着芯をはる

※後ろ身頃も同様

2 身頃の肩を縫う。縫い代は後ろ側に倒す。
衿ぐり見返しの肩、袖ぐり見返しの肩と脇を縫う。
縫い代は割る。

3 脇を縫う。縫い代は後ろ側に倒す。

4 裾を三つ折りにして縫う。

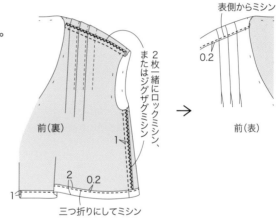

表側からミシン

0.2

前（裏）

2枚一緒にロックミシン、
またはジグザグミシン

→

前（表）

三つ折りにしてミシン

5 衿ぐりを衿ぐり見返しで縫い返す。

6 袖ぐりを袖ぐり見返しで縫い返す。

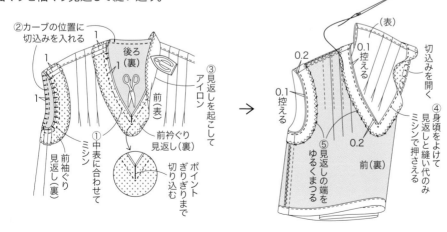

②カーブの位置に
切込みを入れる

後ろ（裏）

①中表に合わせて
ミシン

前袖ぐり
見返し（裏）

③見返しを起こして
アイロン

前（表）

前衿ぐり
見返し（裏）

ポイント
ぎりぎりまで
切り込む

→

0.2

0.1
控える

0.1
控える

切込みを開く

身頃をよけて
見返しと縫い代のみ
ミシンで押さえる

④

0.2

0.2

⑤見返しの端を
ゆるくまつる

前（裏）

(表)

p.22

パターン（C面・6パーツ）

前身頃　後ろ身頃　前後衿ぐり見返し　袖　カフス　袋布

材料

表布（タータンチェック）…140㎝幅
7・9・11号3m10㎝、13・15号3m30㎝
接着芯（前後衿ぐり見返し、カフス）…90㎝幅40㎝
接着テープ（ファスナー位置、前ポケット口）…1.5㎝幅1m
10㎝
コンシールファスナー…56㎝

準備

・衿ぐり見返し、カフスに接着芯をはる。
・後ろ身頃のファスナー位置、前身頃のポケット口に接着テープをはる。
・後ろ身頃の後ろ中心、衿ぐり見返しの奥、前身頃のポケット口、袋布Aのポケット口にロックミシンまたはジグザグミシンをかける。

縫い方順序　★は図参照

1 ファスナー止りより下の後ろ中心を縫い、ファスナーをつける。★
2 ポケット口を残して脇を縫い、ポケットを作る。（p.46　1参照）
3 裾を三つ折りにして縫う。★
4 身頃の肩を縫う。縫い代は後ろ側に倒す。
　前後衿ぐり見返しの前中心を縫う。縫い代は割る。★
5 衿ぐりを見返しで縫い返す。★
6 袖を作る。★
7 袖をつける。（p.51　9参照）

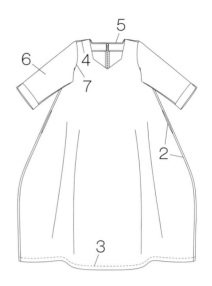

出来上り寸法		(単位は㎝)
サイズ	7・9号	11・13号	15号
バスト	102	106	110
ウエスト	141	145	149
ヒップ	189	193	197
袖丈	41	41	41
着丈	121	121	121

裁合せ図（表布）

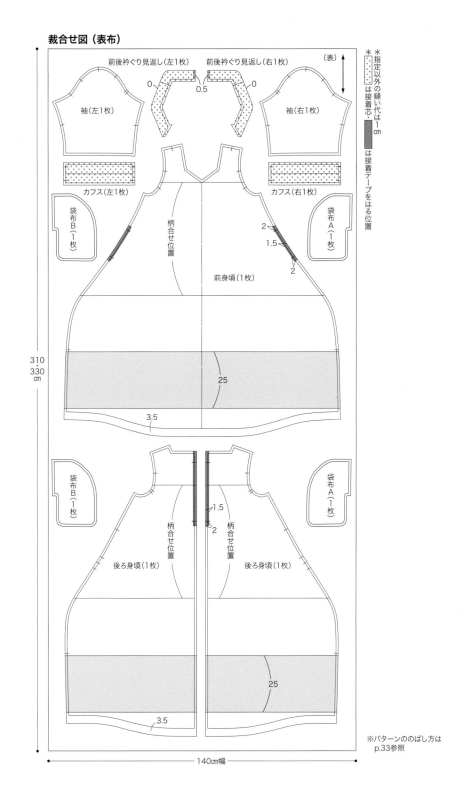

前後衿ぐり見返し（左1枚）　前後衿ぐり見返し（右1枚）

（表）

0　　　0.5　　　0

袖（左1枚）　　　　　　　　　　　　　　　　袖（右1枚）

カフス（左1枚）　　　　　　　　カフス（右1枚）

柄合せ位置

2

1.5

2

前身頃(1枚)

袋布B（1枚）　　　　　　　　　　　袋布A（1枚）

25

3.5

袋布B（1枚）　　　　　　　　　　　袋布A（1枚）

1.5

2

柄合せ位置　　　柄合せ位置

後ろ身頃(1枚)　　　　　後ろ身頃(1枚)

25

3.5

310
·
330
cm

140cm幅

※指定以外の縫い代は1cm
※　　　は接着芯・　　　は接着テープをはる位置

※パターンののばし方は
p.33参照

63

1 ファスナー止りより下の後ろ中心を縫い、ファスナーをつける。

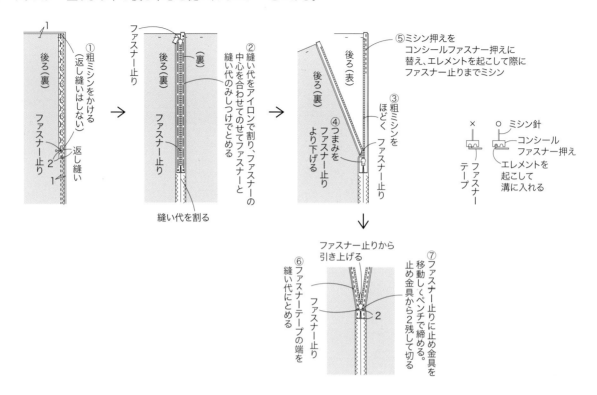

1

後ろ（裏）

ファスナー止り

①粗ミシンをかける
（返し縫いはしない）

②返し縫い

①返し縫い

ファスナー止り

→

ファスナー止り

後ろ（裏）

ファスナー止り

②縫い代をアイロンで割り、ファスナーの中心と縫い代の中心を合わせてのせてファスナーと縫い代のみのしつけでとめる

縫い代を割る

→

後ろ（表）

後ろ（裏）

ファスナー止り

③粗ミシンをほどく

④つまみをファスナー止りより下げる

⑤ミシン押えをコンシールファスナー押えに替え、エレメントを起こして際にファスナー止りまでミシン

×　○ ミシン針

コンシールファスナー押え

エレメントを起こして溝に入れる

ファスナーテープ

↓

ファスナー止りから引き上げる

⑥ファスナーテープの端を縫い代にとめる

ファスナー止り

2

⑦ファスナー止りに止め金具を移動しペンチで締める。止め金具から2残して切る

3 裾を三つ折りにして縫う。

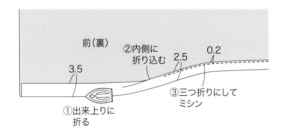

前（裏）

②内側に折り込む

2.5　0.2

3.5

①出来上りに折る

③三つ折りにしてミシン

4 身頃の肩を縫う。縫い代は後ろ側に倒す。
　　前後衿ぐり見返しの前中心を縫う。縫い代は割る。

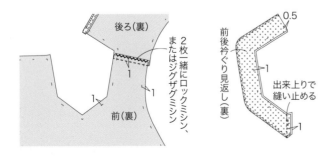

後ろ（裏）

2枚一緒にロックミシン、またはジグザグミシン

1

1

1

前（裏）

0.5

前後衿ぐり見返し

1

出来上りで縫い止める

前後衿ぐり見返し（裏）

1

5 衿ぐりを見返しで縫い返す。

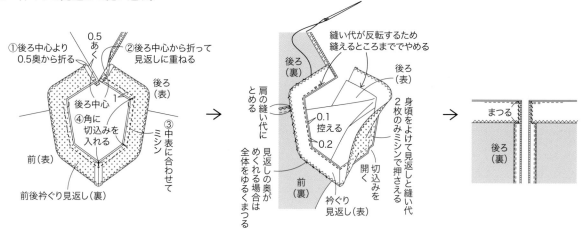

①後ろ中心より0.5奥で折る
0.5あく
②後ろ中心から折って見返しに重ねる
後ろ(表)
後ろ中心
④角に切込みを入れる
前(表)
前後衿ぐり見返し(裏)
③中表に合わせてミシン

縫い代が反転するため縫えるところまででやめる
後ろ(裏)
後ろ(表)
肩の縫い代にとめる
身頃をよけて見返しと縫い代2枚のみミシンで押さえる
0.1控える
0.2
見返しの奥がめくれる場合は全体をゆるくまつる
前(裏)
切込みを開く
衿ぐり見返し(表)

まつる
後ろ(裏)

6 袖を作る。

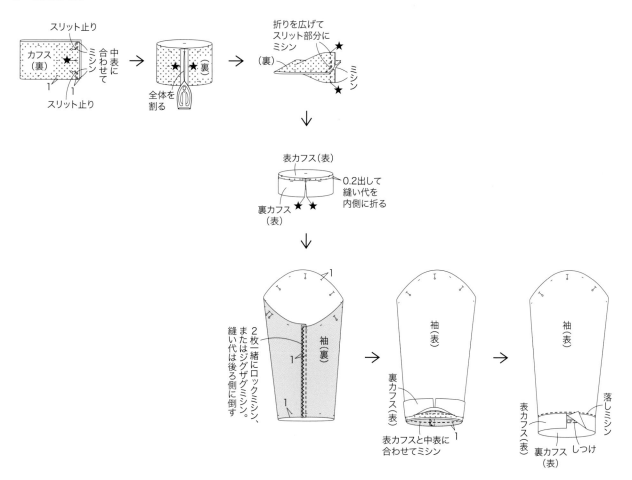

カフス(裏)
スリット止り
中表に合わせてミシン
スリット止り
1

全体を割る
★ (裏)

折りを広げてスリット部分にミシン
(裏)
★ ミシン
★

表カフス(表)
0.2出して縫い代を内側に折る
裏カフス(表)
★ ★

2枚一緒にロックミシン、またはジグザグミシン。縫い代は後ろ側に倒す
袖(裏)
1
1

袖(表)
裏カフス(表)
表カフスと中表に合わせてミシン
1

袖(表)
落しミシン
表カフス(表)
裏カフス(表)
しつけ

p.24

パターン（D面・5パーツ）

前スカート　後ろスカート　前ウエスト見返し
後ろウエスト見返し　袋布

材料

表布(二重織りネップストレッチ)…112cm幅
7・9・11号2m70cm、13・15号2m80cm
接着芯（前ウエスト見返し、後ろウエストべ見返し)…90
cm幅40cm
接着テープ（左前ポケット口)…1.5cm幅20cm

準備

・前ウエスト見返し、後ろウエスト見返しに接着芯をはる。
・左前スカートのポケット口に接着テープをはる。
・前後スカートの裾、左前スカートのポケット口、袋布Aの
　ポケット口にロックミシンまたはジグザグミシンをか
　ける。

縫い方順序　★は図参照

1　右脇のポケット口を残して脇を縫い、ポケットを作る
　（p.46　1参照）。
　右脇を縫う。縫い代は後ろ側に倒す。
2　裾を二つ折りにして縫う。★
3　ウエスト見返しの脇を縫う。縫い代は割る。スカートの
　ウエストをウエスト見返しで縫い返す。★
4　ベルト通しをつける。★

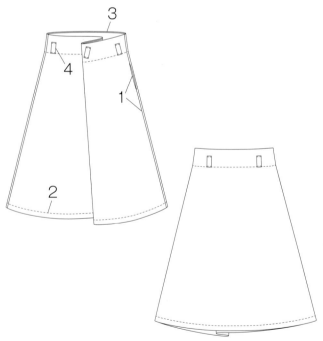

裁合せ図（表布）

* 指定以外の縫い代は1cm
は接着芯、
は接着テープをはる位置

（表）

ベルト通し（1枚）　7　42

後ろスカート（1枚）

3

270
280
cm

2
1.5
2
ポケット口

前スカート（1枚）

パターンを
突き合わせる

3

後ろウエスト見返し（1枚）

前ウエスト見返し（1枚）

袋布A（1枚）　袋布B（1枚）　0

112cm幅

出来上り寸法			(単位はcm)
サイズ	7・9号	11・13号	15号
ウエスト	63	67	71
ヒップ	118	122	126
スカート丈	93	96	99

2 裾を二つ折りにして縫う。

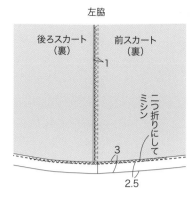

左脇

後ろスカート（裏）　前スカート（裏）

1

二つ折りにしてミシン

3

2.5

3 ウエスト見返しの脇を縫う。縫い代は割る。
スカートのウエストをウエスト見返しで縫い返す。

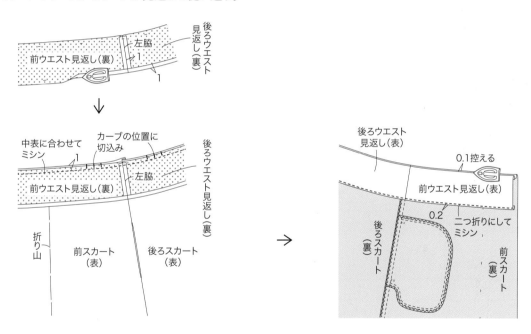

後ろウエスト見返し（裏）

前ウエスト見返し（裏）

左脇

1

1

↓

中表に合わせてミシン　カーブの位置に切込み

1

前ウエスト見返し（裏）

後ろウエスト見返し（裏）

左脇

折り山

前スカート（表）　後ろスカート（表）

→

後ろウエスト見返し（表）

0.1控える

前ウエスト見返し（表）

0.2

二つ折りにしてミシン

後ろスカート（裏）　前スカート（裏）

4 ベルト通しをつける。

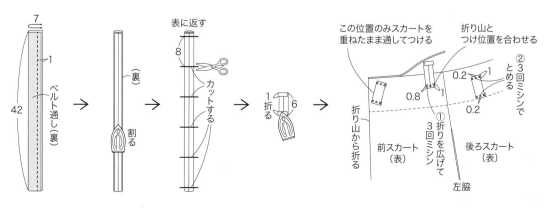

7

1

42

ベルト通し（裏）

→

（裏）

割る

→

表に返す

8

カットする

カット
する

→

1折る

6

→

この位置のみスカートを重ねたまま通してつける　折り山とつけ位置を合わせる

②3回ミシンでとめる

0.2　1

0.8　1

0.2

①折りを広げて3回ミシン

折り山から折る

前スカート（表）　後ろスカート（表）

左脇

p.26

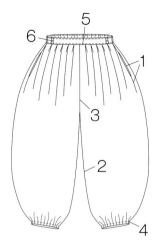

パターン（D面・4パーツ）

前後パンツ　前ウエストベルト布　後ろウエストベルト布
袋布

材料

表布（ツイル）…110cm幅
7・9・11号2m90cm、13・15号3m
接着芯（前ウエストベルト布、ベルト通し布）…90cm幅
20cm
接着テープ（前ポケット口）…1.5cm幅40cm
平ゴム（後ろウエスト）…2.5cm幅40cm
　　　　（裾）…0.6cm幅70cm

準備

・前ウエストベルト布、ベルト通し布に接着芯をはる。
・前パンツのポケット口に接着テープをはる。
・前後の股上から股下、前パンツのポケット口、袋布Aの
　ポケット口にロックミシンまたはジグザグミシンをか
　ける。

縫い方順序　★は図参照

1　ポケット口を残して脇ダーツを縫い、ポケットを作る。
　　（p.46　1参照）★
2　股下を縫う。縫い代は割る。★
3　股上を縫う。縫い代は割る。★
4　裾を三つ折りにして縫い、平ゴムを通す。★
5　平ゴム通し口を残してウエストベルトの脇を縫う。縫
　　い代は割る。パンツのタックをたたみ、ウエストベルト
　　をつける。後ろウエストベルトに平ゴムを通す。★
6　ベルト通しをつける。★

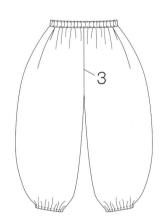

出来上り寸法		（単位はcm）	
サイズ	7・9号	11・13号	15号
ウエスト	67	70	73
ヒップ	104	104	104
パンツ丈	100	100	100

裁合せ図（表布）

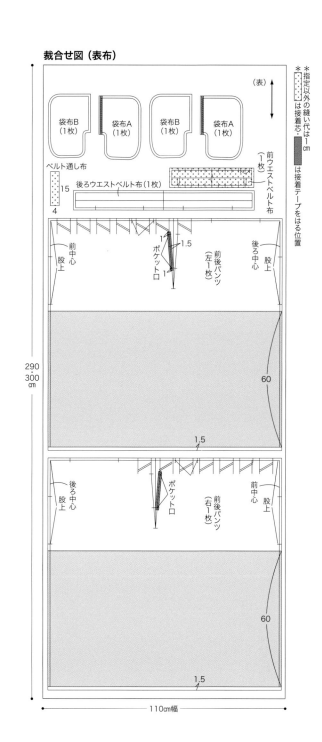

（表）

袋布B（1枚）　袋布A（1枚）　袋布B（1枚）　袋布A（1枚）

ベルト通し布

後ろウエストベルト布（1枚）

前ウエストベルト布（一枚）

15

4

前中心

股上

ポケット口

1　1.5

1

前後パンツ（左1枚）

後ろ中心

股上

後ろ中心

股上

ポケット口

前後パンツ（右1枚）

前中心

股上

60

60

1.5

1.5

290・300cm

110cm幅

＊指定以外の縫い代は1cm

は接着芯・は接着テープをはる位置

69

1 ポケット口を残して脇ダーツを縫い、ポケットを作る。

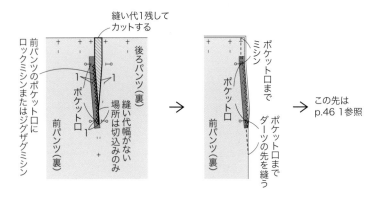

縫い代1残して
カットする

前パンツのポケット口に
ロックミシンまたはジグザグミシン

縫い代幅がない
場所は切込みのみ

後ろパンツ(裏)

ポケット口

1

1

前パンツ(裏)

ミシン

ポケット口まで
ダーツの先を縫う

ポケット口

前パンツ(裏)

→ この先は
p.46 1参照

2 股下を縫う。縫い代は割る。

3 股上を縫う。縫い代は割る。

4 裾を三つ折りにして縫い、平ゴムを通す。

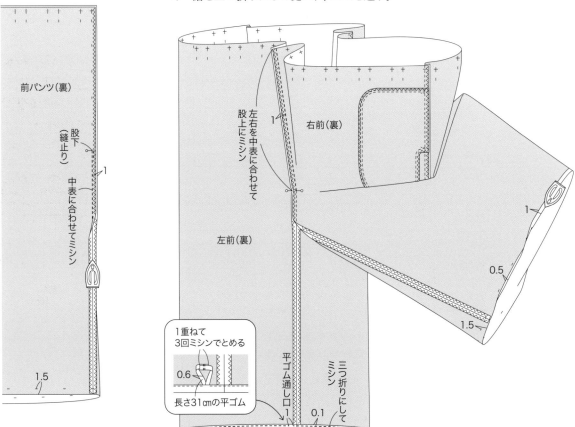

前パンツ(裏)

股下
(縫止り)

中表に合わせてミシン

1

1.5

左右を中表に合わせて
股上にミシン

1

右前(裏)

左前(裏)

0.5

1.5

1

1重ねて
3回ミシンでとめる

0.6

長さ31cmの平ゴム

平ゴム通し口1

0.1

三つ折りにして
ミシン

5 平ゴム通し口を残してウエストベルトの脇を縫う。縫い代は割る。
パンツのタックをたたみ、ウエストベルトをつける。後ろウエストベルトに平ゴムを通す。

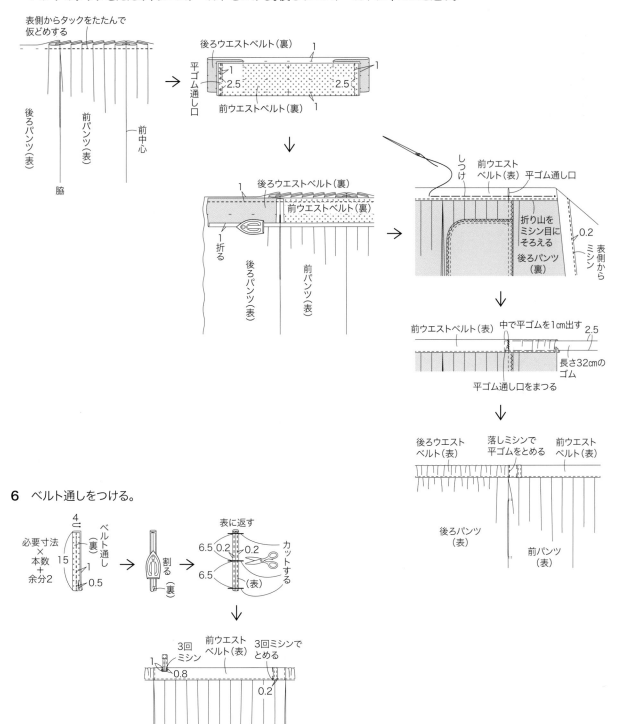

6 ベルト通しをつける。

パターン（D面・11パーツ）

後ろパンツ　前中心パンツ　前脇パンツ　脇布・袋布
ウエストベルト布（右前）　ウエストベルト布（左前）
ウエストベルト布（後ろ）　後ろ裾カフス　前裾カフス
右前持出し　左前見返し

材料

表布（コットンミニヘリンボーン）…110cm幅
7・9・11号2m30cm、13・15号2m40cm
接着芯（表裾カフス、裏裾カフス、右前持出し、左前見返し、ウエスト
ベルト布、ベルト通し布）…90cm幅40cm
接着テープ（前ポケット口）…1.5cm幅45cm
ファスナー…20cm
ボタン…直径1.5cmを3個
平ゴム…3cm幅20cm

準備

・表裾カフス、裏裾カフス、右前持出し、左前見返し、ウエストベルト
　布（右前、左前）、ベルト通し布に接着芯をはる。
・前パンツのポケット口に接着テープをはる。
・前後パンツの脇、前パンツの切替え、股ぐり、股下にロックミシンま
　たはジグザグミシンをかける。

縫い方順序　★は図参照

1　前パンツの切替えを縫う。縫い代は割る。★
2　ポケットを作る。★
3　スリット止まりまで脇を縫う。縫い代は割る。スリットにステッチをかけ
　る。★
4　股下を縫う。縫い代は割る。
5　裾カフスをつける。★
6　股ぐりを縫う。縫い代は割る。★
7　前あきを作る。★
8　ウエストベルトをつける。後ろウエストベルトに平ゴムを通す。
9　ベルト通しをつける。（p.71　6参照）★
10　ボタン穴を作り、ボタンをつける。★

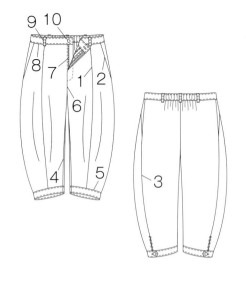

出来上り寸法		（単位はcm）
サイズ	7・9号	11・13号	15号
ウエスト	85	88	91
ヒップ	162	166	170
パンツ丈	77	77	77

裁合せ図（表布）

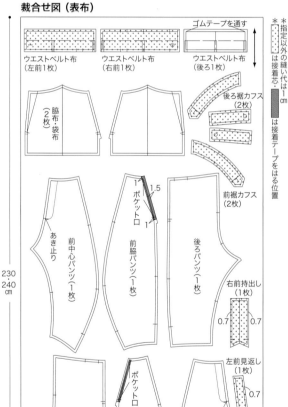

1 前パンツの切替えを縫う。縫い代は割る。
2 ポケットを作る。

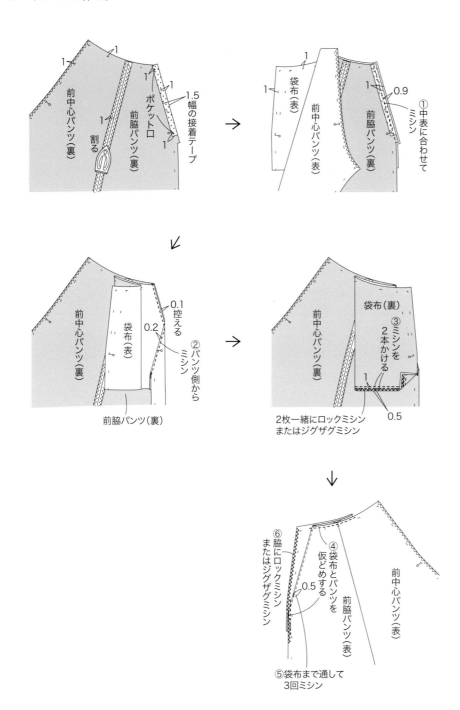

前中心パンツ（裏）

前脇パンツ（裏）
ポケット口
割る
1.5幅の接着テープ

①中表に合わせて
袋布（表）
前中心パンツ（表）
前脇パンツ（裏）
0.9
ミシン

前中心パンツ（裏）
袋布（表）
前脇パンツ（裏）
0.1控える
0.2
②パンツ側からミシン

前中心パンツ（裏）
袋布（裏）
③ミシンを2本かける
1
0.5
2枚一緒にロックミシンまたはジグザグミシン

⑥脇にロックミシンまたはジグザグミシン
④袋布とパンツを仮どめする
0.5
前脇パンツ（表）
前中心パンツ（表）
⑤袋布まで通して3回ミシン

73

3 スリット止りまで脇を縫う。縫い代は割る。
スリットにステッチをかける。

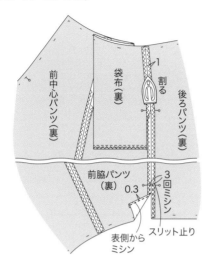

前中心パンツ（裏）

袋布（裏）

割る

1

後ろパンツ（裏）

前脇パンツ（裏）

0.3

3回ミシン

スリット止り

表側から
ミシン

5 裾カフスをつける。

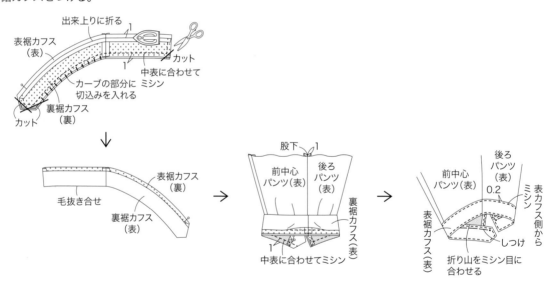

出来上りに折る

表裾カフス（表）

1

1

カット

中表に合わせて

ミシン

カーブの部分に
切込みを入れる

裏裾カフス（裏）

カット

毛抜き合せ

表裾カフス（裏）

裏裾カフス（表）

股下

1

前中心
パンツ（表）

後ろ
パンツ（表）

裏裾カフス（表）

1

中表に合わせてミシン

前中心
パンツ（表）

後ろ
パンツ（表）

0.2

表裾カフス（表）

表カフス側から
ミシン

しつけ

折り山をミシン目に
合わせる

6 股ぐりを縫う。縫い代は割る。

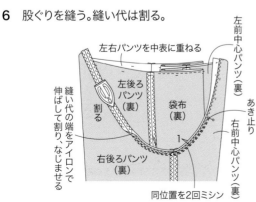

左右パンツを中表に重ねる

左前中心パンツ（裏）

左後ろパンツ（裏）

割る

袋布（裏）

縫い代の端をアイロンで伸ばして割り、なじませる

あき止り

右前中心パンツ（裏）

右後ろパンツ（裏）

1

同位置を2回ミシン

7 前あきを作る。

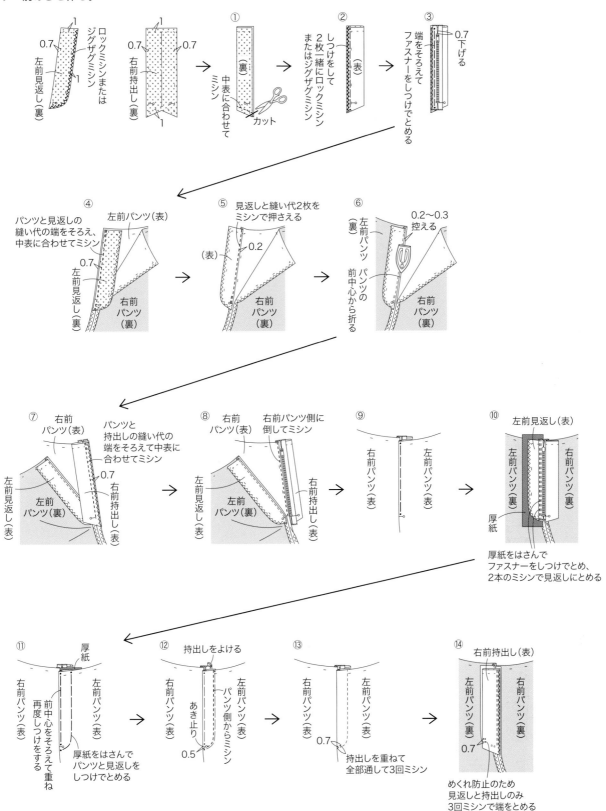

ロックミシンまたはジグザグミシン
左前見返し（裏）
0.7

右前持出し（裏）
0.7　0.7

① ミシン
（裏）
中表に合わせて
カット

② しつけをして2枚一緒にロックミシンまたはジグザグミシン
（表）

③ 端をそろえてファスナーをしつけでとめる
0.7
下げる

④ パンツと見返しの縫い代の端をそろえ、中表に合わせてミシン
左前パンツ（表）
0.7
左前見返し（裏）
右前パンツ（裏）

⑤ 見返しと縫い代2枚をミシンで押さえる
（表）
0.2
右前パンツ（裏）

⑥ 0.2～0.3控える
左前パンツ（裏）
パンツの前中心から折る
右前パンツ（裏）

⑦ 右前パンツ（表）
パンツと持出しの縫い代の端をそろえて中表に合わせてミシン
左前見返し（表）
左前パンツ（裏）
0.7
右前持出し（表）

⑧ 右前パンツ（表）
右前パンツ側に倒してミシン
左前見返し（表）
左前パンツ（裏）
右前持出し（表）

⑨ 右前パンツ（表）
左前パンツ（表）

⑩ 左前見返し（表）
左前パンツ（裏）
右前パンツ（裏）
厚紙

厚紙をはさんでファスナーをしつけでとめ、2本のミシンで見返しにとめる

⑪ 厚紙
右前パンツ（表）
左前パンツ（表）
前中心をそろえて重ね再度しつけをする
厚紙をはさんでパンツと見返しをしつけでとめる

⑫ 持出しをよける
右前パンツ（表）
左前パンツ（表）
パンツ側からミシン
あき止り
0.5

⑬ 右前パンツ（表）
左前パンツ（表）
0.7
持出しを重ねて全部通して3回ミシン

⑭ 右前持出し（表）
左前パンツ（裏）
右前パンツ（裏）
0.7
めくれ防止のため見返しと持出しのみ3回ミシンで端をとめる

8　ウエストベルトをつける。後ろウエストベルトに平ゴムを通す。

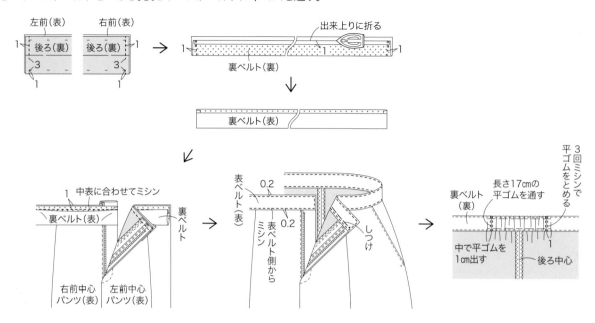

9　ベルト通しをつける。

10　ボタン穴を作り、ボタンをつける。

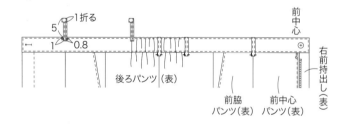

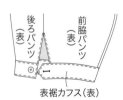

I4 / チェック柄のアシメトリーパンツ

p.30

パターン（D面・11パーツ）
左前後パンツ　右前後パンツ上　右前後パンツ下
左脇布・袋布　ウエストベルト布（右前）
ウエストベルト布（左前）　ウエストベルト布（後ろ）
右前持出し　左前見返し　左向う布　左口布

材料
表布（リネン）…110cm幅
7・9・11号2m40cm、13・15号2m60cm
接着芯（右前持出し、左前見返し、ウエストベルト布、ベルト通し布）…90cm幅30cm
接着テープ（前ポケット口）…1.5cm幅25cm
ファスナー…20cm
ボタン…直径2cmを1個
平ゴム…3cm幅30cm

準備
・右前持出し、左前見返し、ウエストベルト布（右前、左前）、ベルト通し布に接着芯をはる。
・前パンツのポケット口に接着テープをはる。
・股ぐり、左パンツの股下にロックミシンまたはジグザグミシンをかける。

縫い方順序　★は図参照
1　左前パンツにポケットを作る。★
2　左脇ダーツを縫う。縫い代は後ろ側に倒す。★
3　右パンツの切替えを縫う。縫い代は下パンツ側に倒す。★
4　股下にロックミシンまたはジグザグミシンをかける。股下を縫う。縫い代は割る。★
5　裾を三つ折りにして縫う。★
6　股ぐりを縫う（縫い代は割る）。(p.74　6参照)
7　前あきを作る。(p.75　7参照)
8　ウエストベルトをつける。後ろウエストベルトに平ゴムを通す。(p.76　8参照)
9　ベルト通しをつける。(p.71　6参照)
10　ボタン穴を作り、ボタンをつける。(p.76　10参照)

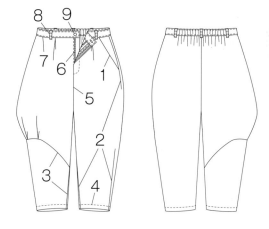

出来上り寸法　（単位はcm）

サイズ	7・9号	11・13号	15号
ウエスト	91	94	97
ヒップ	152	155	158
パンツ丈	94	94	94

裁合せ図（表布）

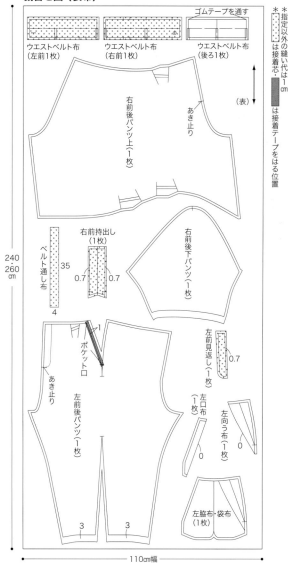

1 左前パンツにポケットを作る。

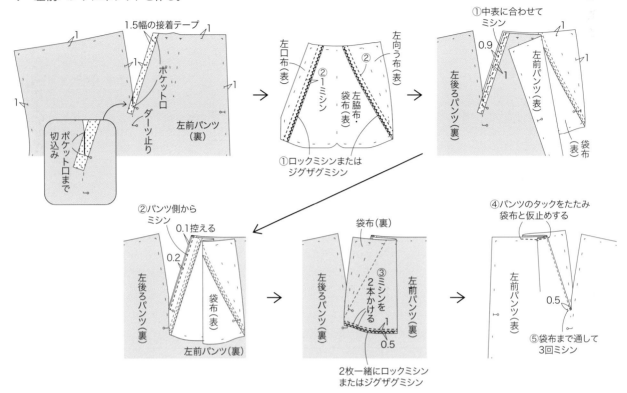

1.5幅の接着テープ

ポケット口

ダーツ止り

左前パンツ（裏）

ポケット口まで
切込み

左口布（表）
左向う布（表）
②ミシン
左脇布・
袋布（表）
②1ミシン

①ロックミシンまたは
ジグザグミシン

①中表に合わせて
ミシン

0.9
1

左後ろパンツ（裏）

左前パンツ（表）

袋布（表）

②パンツ側から
ミシン
0.1控える
0.2

左後ろパンツ（裏）

袋布（表）

左前パンツ（裏）

袋布（裏）

③ミシンを
2本かける
1

左後ろパンツ（裏）

左前パンツ（裏）

0.5

2枚一緒にロックミシン
またはジグザグミシン

④パンツのタックをたたみ
袋布と仮止めする

左前パンツ（表）

0.5

⑤袋布まで通して
3回ミシン

2 左脇ダーツを縫う。
縫い代は後ろ側に倒す。

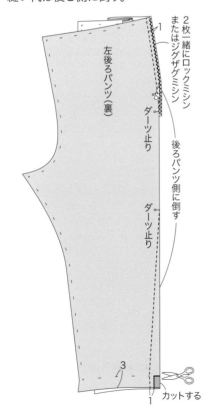

左後ろパンツ（裏）

2枚一緒にロックミシン
またはジグザグミシン

ダーツ止り

ダーツ止り

後ろパンツ側に倒す

3

1

カットする

3 右パンツの切替えを縫う。縫い代は下パンツ側に倒す。

4 股下にロックミシンまたはジグザグミシンをかける。
股下を縫う。縫い代は割る。

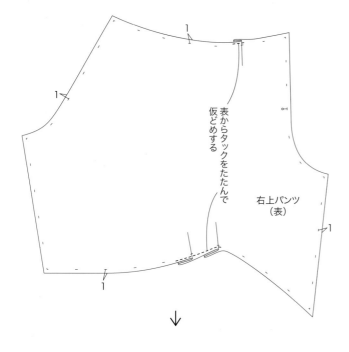

右上パンツ
（表）

表からタックをたたんで
仮どめする

↓

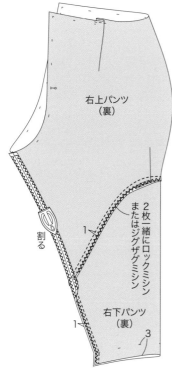

右上パンツ
（裏）

割る

2枚一緒にロックミシン
またはジグザグミシン

右下パンツ
（裏）

5 裾を三つ折りにして縫う。

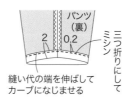

パンツ
（裏）

三つ折りにして
ミシン

縫い代の端を伸ばして
カーブになじませる

戸部祐理　矢口亜紀子

共に文化女子大学服装学部服装造形学科ファッションクリエイ
ティブコースを卒業。セレクトショップ LILA n'citta にてディレ
クター、バイヤー、マネージャーの経験の中での、もっとジャスト
なものが欲しい！という欲求からこの citta というブランドを立
ち上げた。

citta

セレクトショップ LILA n'citta「リーラアンドシッタ」から派生し
たブランド citta「シッタ」。サンスクリット語で「心」や「意思」「精
神」を意味する citta「チッタ」を由来とした、女性らしいけどき
まりすぎない感じ、フェミニンやセクシーではないけど、女性っ
ぽい感じを目指している。たっぷりとした生地使いや立体的な
カーブで作り出しているラインが人気。

 @maison_citta

---

citta が提案する

個性を楽しむ大人服

2021 年 3 月 6 日　第 1 刷発行

著　者　戸部祐理　矢口亜紀子
発行者　濱田勝宏
発行所　学校法人文化学園 文化出版局
　　　　〒151-8524 東京都渋谷区代々木 3-22-1
　　　　TEL:03-3299-2401（編集）
　　　　TEL:03-3299-2540（営業）

印刷・製本所　株式会社文化カラー印刷

ブックデザイン　関口良夫（SALT*）
撮影　HAKU
スタイリング　中村加奈子
ヘアメーク　得字マキ（nude.）
モデル　桃井和音
CAD グレーディング　隋 駿
作り方解説　助川睦子
デジタルトレース　宇野あかね（文化フォトタイプ）
校閲　向井雅子
編集　平山伸子（文化出版局）